Jizz Mopper

Damn

Bollocks

Shitballs

Crap

Fucktard

Whore

Fuck

Wanker

Dipshit

Twat waffle

Shit

Bitch

Fuck Off

Cum Dumpster

Skank

Slutbag

Dickhead

Fuck
Nugget

Asshat

Idiot

Baggy
Vag

Shit-a-brick

Cunt Cake

Beaver Dam

Moron

Sugartits

Crack-Whore

Twat

Family

Asshole

Slut

Fuck Boy

Piss off

Piss Flaps

Fucker

Fuckballs

Thunder
cunt

Cunt

Prick

Cockbag

Chode

Flip-a-Bitch

Piece of
Shit

Shitbag

Asswipe

Bullshit

Bastard

Douche

Cum Guzzler

Made in the USA
Monee, IL
05 December 2019

17994322R00060